keto af

keto af

keto af

keto af

keto af

keto af

keto af

keto af

keto af

keto af

keto af

keto af

keto af

keto af

keto af

keto af

keto af

keto af

keto af

keto af

keto af

keto af

keto af

keto af

keto af

keto af

keto af

keto af

keto af

keto af

keto af

keto af

keto af

keto af

keto af

keto af

keto af

keto af

keto af

keto af

keto af

keto af

keto af

keto af

keto af

keto af

keto af

keto af

keto af

keto af

keto af

keto af

keto af

keto af

keto af

keto af

keto af

keto af

keto af

keto af

keto af

keto af

keto af

keto af

keto af

keto af

keto af

keto af

keto af

keto af

keto af

keto af

keto af

keto af

keto af

keto af

keto af

keto af

keto af

keto af

keto af

keto af

keto af

keto af

keto af

keto af

keto af

keto af

keto af

keto af

keto af

keto af

keto af

keto af

keto af

keto af

keto af

keto af

keto af

keto af

keto af

keto af

keto af

keto af

keto af

keto af

keto af

keto af

keto af

keto af

keto af

keto af

keto af

keto af

keto af

keto af

keto af

keto af

www.ingramcontent.com/pod-product-compliance
Lightning Source LLC
LaVergne TN
LVHW012118070526
838202LV00056B/5768